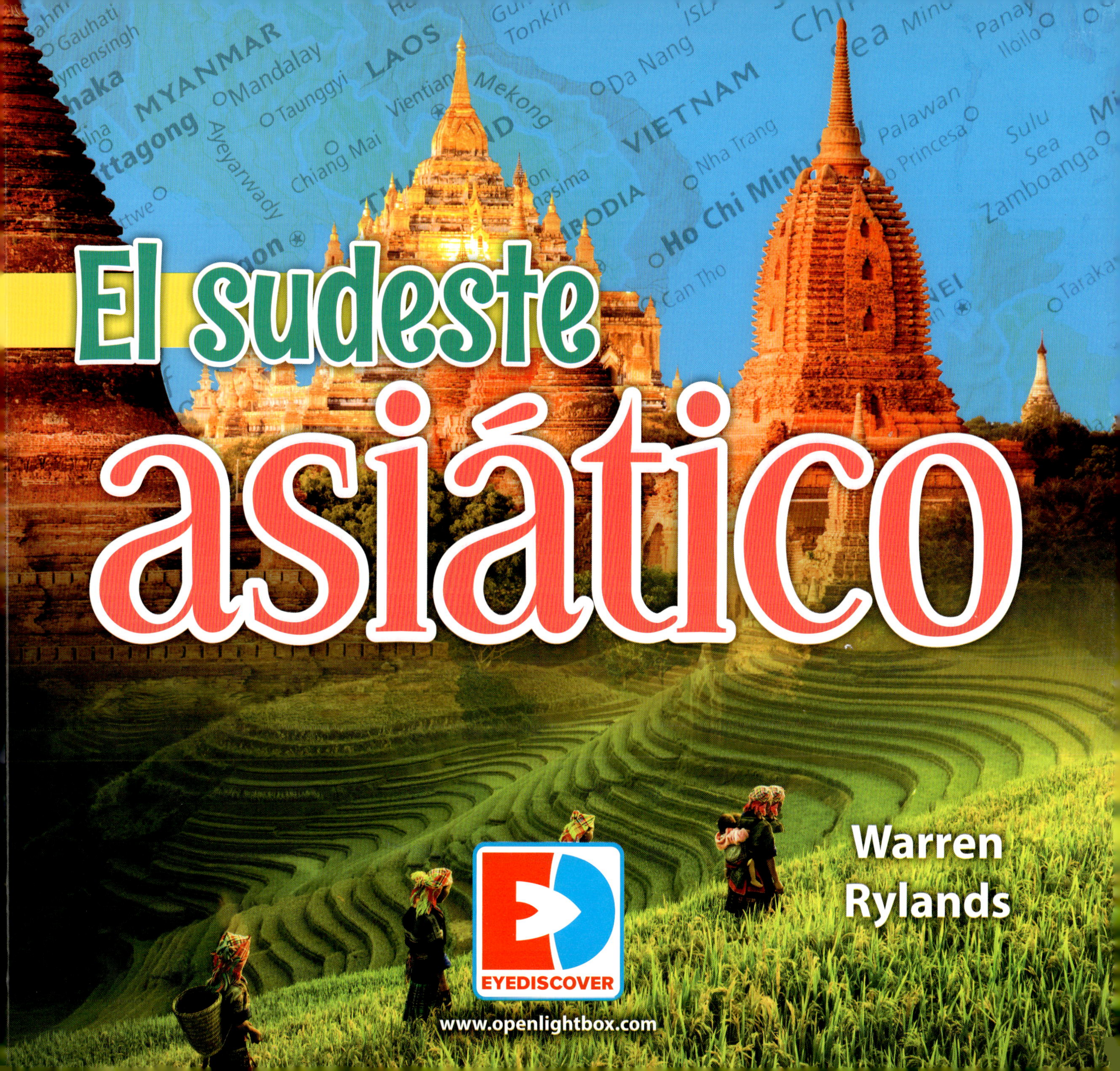

El sudeste asiático

Warren Rylands

EYEDISCOVER
www.openlightbox.com

EYEDISCOVER

Ve a **www.openlightbox.com**
e ingresa el código único
de este libro.

CÓDIGO DEL LIBRO

AVF78758

EYEDISCOVER te trae libros mejorados por multimedia que apoyan el aprendizaje activo.

Published by Lightbox Learning Inc.
276 5th Avenue, Suite 704 #917
New York, NY 10001
Website: www.openlightbox.com

Library of Congress Control Number: 2024933210

ISBN 979-8-8745-1446-4 (hardcover)

Printed in Guangzhou, China
1 2 3 4 5 6 7 8 9 0 28 27 26 25 24

072024
102523

Art Director: Terry Paulhus
Layout: Ana María Vidal
English Editor: Priyanka Das
Spanish Editor: Sara Cucini
Spanish/English Translator: Translation Services USA

The publisher acknowledges Dreamstime, Minden Images, Getty Images, and Shutterstock as the primary image suppliers for this title.

El sudeste asiático

En este libro, aprenderás sobre

- sus países
- sus culturas
- sus animales

¡y mucho más!

Hay 11 países en el sudeste asiático. Todos están al este de la India y al sur de China.

Indonesia es el país más grande del sudeste asiático. Allí viven más de 270 millones de personas.

8

Singapur es la nación más pequeña del sudeste asiático. Es una isla con mucha riqueza.

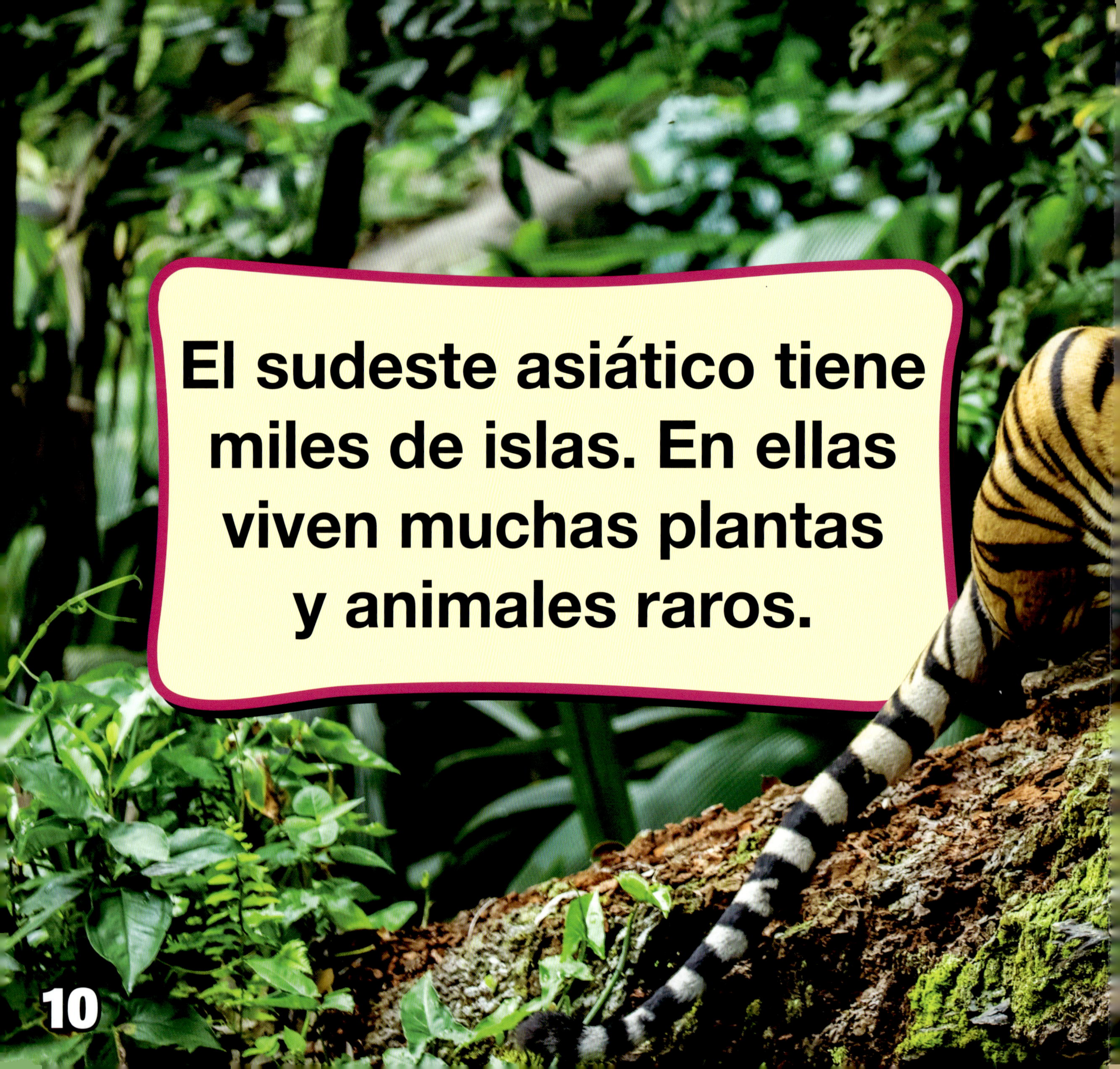

El sudeste asiático tiene miles de islas. En ellas viven muchas plantas y animales raros.

Los elefantes asiáticos viven en Camboya, Indonesia, Laos, Malasia, Mianmar, Tailandia, Vietnam y otros países.

El dragón de Komodo solo se encuentra en Indonesia. Es el lagarto más grande del mundo.

16

El sudeste asiático tiene una historia muy rica. En la región, se pueden encontrar muchas culturas y religiones diferentes.

El Angkor Wat
de Camboya es el
templo más grande
del mundo.